Made in the USA
San Bernardino, CA
18 May 2020

71919524R00058